Poemas
DE MI Corazón

Poemas
DE MI Corazón
De Amor Y Desamor

ANNA JUDITH CHÁVEZ

authorHOUSE®

AuthorHouse™
1663 Liberty Drive
Bloomington, IN 47403
www.authorhouse.com
Phone: 1-800-839-8640

Published by AuthorHouse   10/26/2012

ISBN: 978-1-4772-8420-9 (sc)
ISBN: 978-1-4772-8419-3 (e)

Library of Congress Control Number: 2012920001

Índice

Dedicado

A los únicos y más
grandes amores de mi vida
mis hijos Brandon y Jarrett
con mi mas profunda gratitud a Dios
por bendecir mi vida con cada uno de ellos.

Para mis padres Javier y Carmen
Gracias por estar siempre en mi vida.

A mis hermanos y hermanas.

A mis abuelitos; María y Rafael ✝
              Ángeles, y Benjamín ✝

A Jeff Minton.
A mi madrina Rosa Maldonado.

Para mis amigos y amigas, por su amistad y palabras de
motivación.

A mis sobrinos y sobrinas,
tíos y tías,
primos y primas,
maestros y maestras.

Al lector.

Para el lugar donde naci Santa Maria Ca,

A las personas que me han contado su vida y que me
han inspirado,
A las personas que me han amado, y las que no,
también
porque gracias a ellas nacieron algunos poemas.

Amante

Me contaste tus sueños y anhelos
y vaciaste en mis manos tu vida, tus deseos
te amé sin pensarlo, sin dudarlo
y me perdí en tu amor, en tus ojos, en tus brazos.

Y al robarme ese primer beso
también robaste entero mi corazón
hoy soy parte de tus deseos
cuando me abrazas fuerte a tu pecho.

Eres algo imposible de explicar
pero me haces feliz cuando conmigo estás;
te amo aunque sé que eres ajeno
te amo por lo que eres, mas no por lo que tienes.

Sólo me importa saber que existo en tu corazón
y los momentos de amor que compartimos;
te amaré en secreto porque así se dio lo nuestro
amor compartido que no me arrepiento de haber vivido.

Podré arrepentirme de mil cosas,
pero nunca me arrepentiré de haberte amado
tal vez un día te vayas de mi lado
pero me quedará el recuerdo, de habernos amado.

Amor

El amor nos sustenta,

es necesario para vivir.

Nos conforma,

nos une como uno solo.

Nos da tantas pruebas,

rompe todas las barreras.

El amor es lo más bello,

cuando te aman de igual manera.

Amores Que Nunca Se Viviran

Hay amores que sólo son para recordar,

que en nuestras mentes siempre estarán,

que nunca podremos olvidar.

Hay amores que no se pueden vivir,

que sólo hacen sufrir

por la pena de no poderlos vivir.

Hay amores que el corazón nunca olvidara,

hay amores que nunca se podrán realizar,

mas eso no significa que se dejen de amar.

Amores

Hay amores que se quedan

plasmados en nuestras mentes

porque son bellos,

porque son hermosos.

Tu recuerdo se quedó

para siempre en mi corazón,

porque tú fuiste lo más hermoso

que a mí me sucedió.

Antes

Antes de que los remedios maten el corazón,
antes de que la vida se acabe sin un tropezón,
antes de que comience el sermón sin razón,
antes de que el año se vaya en vano,
antes de que se apague la luz de tu sonrisa,
antes de que tengas prisa por no saber a dónde ir,
antes de que el silencio sea sabio,
antes de que clames en vano,
antes de que la amargura sea infinita,
antes de que la vida pase como las palabras,
antes de que la ignorancia desaparezca,
antes de que se despostillen las vasijas viejas,
antes de que los perros salgan a ladrar,
antes de que pierdas la memoria de tu historia,
antes de que te vayas y nunca nadie te recuerde,
antes de que los sueños sean lamentos,
antes de que desaparezca tu solitario instante,
antes de gritar al viento que nunca nadie te amó,
antes de que todo esto suceda,
ama, ama, aunque sólo una vez sea.

¿A Quién?

¿A quién besan tus labios
que yo nunca besé?

¿A quién amas tanto
como yo a ti te amé?

¿A quién hoy acaricias
como yo un día lo deseé?

¿A quién das tu sonrisa
la cual yo sólo vi de prisa?

¿A quién das todo tu amor
el que para mí nunca existió?

¿A quién desvelas hoy
como por ti me desvelo yo?

¿A quién le dices amor
que por desamor me muero yo?

¿A quién le cantas canciones de amor
las que me ponen triste al escucharlas yo?

¿A quién te entregas desnudo,
como desnudo yo te deseaba en este mundo?

¿A quién dejas compartir tu cama,
la que anhelaba con toda mi alma?

Ausencia

¡Cómo duele la ausencia de tus besos!

¡Cómo traspira mi cuerpo la nostalgia del ayer

pues todos los sentimientos aún viven en mi piel!

En mi historia eras todo lo que soñaba.

Eres quien reclama el corazón porque no estás más.

¿Cómo esperar algo que nunca habrá de llegar?

Sólo queda el vacío de mi corazón en la habitación.

una cama, donde nuca más me amarás.

y sentir morir mi corazón lentamente sin tu amor.

¡Cómo duele la ausencia de tus brazos en mi cuerpo!

¿Dónde quedaron los sueños que no tienen más ilusión?

¿Por qué la ausencia existe, a pesar de todo mi amor?

Aventura

Creí tu amor un día mío
y hoy mi corazón está vacío.
Un día me miraste
y hoy me olvidaste.

Llegaste a mi vida
pero no te importó lo que yo sentía.
Fuiste esplendor de mi felicidad
hoy obscura realidad.

Me hiciste sonreír
y lágrimas me arrancaste.
No me dijiste la verdad,
me mentiste sin piedad.

Amor de mentiras
y tan cierto parecías.
Intento querer olvidarte
y descubro que no dejo de pensarte.

No sé si me recuerdas,
no sé si me olvidaste.
Fuiste todo mi amor
y hoy eres un suspiro de mi dolor.

Fuiste lo más bello
y hoy no hay espacio para eso.
Fuiste mito o realidad
y con tu amor me clavaste un puñal.

¿Por qué me tratas así?
Dime el pecado que cometí.

Bésame

Bésame los labios con un beso enamorado,
un beso profundo que nos lleve hasta el pecado.

Besa mi cuello enlazado a mis brazos,
besa mi boca y muérdeme los labios.

Hazme toda tuya abrazando nuestras almas,
sígueme besando más y más.

Bésame como un loco y despacio poco a poco,
sígueme besando hasta perderme en tu amor.

Besa mis días de tristeza y soledad,
bésame mucho para que no vuelvan nunca más.

Besa mi boca con tu dulce mirada
que me da ternura al entregarse a mi alma.

Bésame mucho no me dejes de besar
que te amo como nunca he amado a nadie igual.

Te amo tanto como nunca imaginé jamás,
sígueme besando no lo dejes nunca de hacer.

Bésame mucho hasta enloquecer y
sígueme besando hasta el pecado.

Bésame con tus labios enamorados
que sólo deseo besarte y tenerte en mis brazos.

Brindo Por Tu Olvido

Ayer me emborraché
tomando quise olvidarte.

Me embriagué de los recuerdos
y bebí otra vez tus besos.

Brindé por tu ausencia
y lloré por no tener tu presencia.

Tomando el amor no se olvida
y el tequila me causó más agonía.

Tomando no sanan las heridas
y el tequila no te saca de mi vida.

Voy a seguir tomando hasta el nuevo amanecer
donde tu recuerdo no me vuelva a doler.

Voy a seguir tomando, hasta el nuevo amanecer
donde tu recuerdo, con tequila o sin tequila no me vuelva
a doler.

Brindo por tu olvido, brindo una vez más
por el dolor que me causó tu desamor.

Voy a seguir tomando, hasta el nuevo amanecer donde tu recuerdo nunca mas, nunca mas, me vuelva a doler.

Brindo por tu olvido, brindo por saber, que mañana nunca mas, nunca mas, me vas a doler.

Celebro

Hoy celebro que no estás más.

Celebro que no te haré desayunar, comer ni cenar.

Celebro que no te lavaré ni plancharé.

Celebro que no te escucharé discutir o roncar.

Celebro que no te entrometerás más en mis cosas.

Celebro que al fin libre soy.

Celebro que no estás más aquí, Celebro que la televisión será solo para mí.

Celebro que la comida estará perfecta, Celebro que no le sobrará sal o faltará pimienta.

Celebro que puedo vivir en paz, Celebro que tú ya no estás más.

Celebro que tengo libre mi camino.

Celebro que se largó el más entrometido.

¿Como Puedo Explicar?

¿Cómo puedo explicar que contigo conocí el amor,
si por la misma razón conocí el dolor?

¿Cómo puedo explicar que contigo conocí la felicidad,
si por la misma razón conocí la soledad?

¿Cómo puedo explicar que estás en mi corazón,
si por la misma razón hoy sangra de dolor?

Cómo puedo explicar que diste sentir a mi vida,
si por la misma razón tengo la esperanza perdida?

'Cómo puedo explicar que fuiste mi calma,
si por la misma razón tengo destrozada el alma?

¿Cómo puedo explicar que extendí mis manos para
acariciarte,
si por la misma razón hoy no puedo más tocarte?

¿Cómo puedo explicar que no te puedo olvidar,
si por la misma razón solo te he de recordar?

¿Cómo puedo explicar que fuiste mi mayor ilusión,
si por la misma razón hoy eres mi peor frustración?

¿Cómo puedo explicar que te he tenido
si por la misma razón nunca más estarás conmigo?

¿Cómo puedo explicar que contigo conocí el cielo,
si por la misma razón hoy me quemo en este infierno?

¿Como?

¿Cómo te puedo decir
que cuando duermo yo sueño con él?

¿Cómo te puedo decir
que cuando despierto sigo pensando en él?

¿Cómo te puedo decir
que por más que trato no te amo a ti?

¿Cómo te puedo decir
que lloro en los rincones que grito su nombre?

¿Cómo te puedo decir
que me dejes sola, que te vayas de mí?

¿Cómo te puedo decir
que cuando me tocas no puedo sentir?

¿Cómo te puedo decir
que me deprime que estés cerca de mí?

¿Cómo te puedo decir
que nunca lo olvido, y que aunque trato no lo consigo?

¿Cómo te puedo decir?
Él está en mi mente, nunca sale de mí.

Con Solo Estas Pequeñas Cosas

Con sólo tocar tus manos,
siento cuánto te amo.

Con sólo rozar nuestros labios,
sabemos que estamos tan enamorados.

Con sólo mirarnos a los ojos,
sabemos que nos amamos como locos.

Con sólo pensar en perderte,
sé como es la muerte.

Con sólo pensar en ti,
quiero para siempre vivir.

Con sólo soñar contigo,
sé que la vida tiene sentido.

Con sólo tocar tu cara,
me siento tan enamorada.

Con sólo mandarme flores,
sé que eres el amor de mis amores.

Con sólo estas pequeñas cosas,
haces mi vida más hermosa.

Creo En El Destino

Tu nombre hace tiempo que no lo menciono,
tu voz sólo el eco de nuestro amor;
tus manos una caricia en mis mejillas,
tus ojos esa mirada profunda que no moría
y la forma de tus labios sigue viva todavía.

Tu aroma es tan inolvidable como cada atardecer.
¿Por qué el destino nos separó de esta manera?
¿Por qué no pudimos amarnos como yo quisiera?

A veces, a veces pienso que no te he perdido,
y por las noches sueño, sueño que estás conmigo
mas yo aún creo en el destino
y pienso que nuevamente
nos encontraremos en un camino.

No sé cuando, no sé donde
y gritaré tu nombre
y tu voz me arrullará,
y tus manos me acariciarán,
y tu mirada nunca jamás morirá,
y la forma de tus labios nunca se borrará
y tu aroma cada tarde, cada tarde llegará.

Cuando Me Encuentres

No me busques en la que fue mi casa.
No me busques en el ático de la iglesia.
No me busques en el portal o en la plaza.
No me busques en el jardín del quiosco.
No me busques en el mercado.
No me busques en el camino al barrio.
No me busques en lugares donde me solías encontrar.

Búscame en tu conciencia.
Búscame en tus recuerdos.
Búscame en el silencio de tu corazón.
Búscame en la memoria de nuestra historia.
Búscame cuando me necesites en tu soledad.
Búscame que ahí es donde me encontraras.

Búscame y cuando me encuentres no me pierdas nunca más.
Búscame para amarme por siempre y ámame hasta la eternidad.

Cuando Te Fuiste

Cuando te fuiste lo conocí
y como nunca me enamoré,
Es tan lindo como nunca imaginé.

Cuando me mira siento su amor,
cuando me besa su pasión,
cuando hablamos comprensión.

Nos vemos con ilusión
y contigo todo eso terminó.
Sé que no lo comprendes
pero entiende: él es mi amor.

Cuando te fuiste todo cambió
hoy sólo sé que nos amamos
déjanos por favor.

Ya no te quiero,
contigo no hay ilusión,
contigo no hay pasión
y tampoco comprensión.

Vete, déjame con mi nuevo amor.
Cuando te fuiste todo cambió.

¡Cuantas Veces!

¡Cuántas veces me voy a enamorar
para luego fracasar!

¡Cuántas veces puedo dañar mi corazón
y volver a intentar por miedo a la soledad!

¡Cuántas veces he de ilusionarme
para después darme cuenta de que no valía la pena!

¡Cuántas veces podré soñar mi verdadero amor
que en la vida real sólo es ilusión!

¡Cuántas veces me puedo enamorar
sin tener miedo a otra oportunidad!

¡Cuántas veces lloraré
por alguien a quien nunca le importé!

¡Cuántas veces diré "nunca volveré a intentar
porque pasa lo mismo todos son igual"!

¡Cuanto Daría!

Cuando mi recuerdo te busca en la distancia
recuerdo tus besos con nostalgia.
Recuerdo tus caricias que me han hecho mucha falta.

Esa dulce sensación que quedó de aquel amor
aún la llevo dentro de mi corazón.
Llevo tu perfume en mi olfato.
Llevo tu recuerdo en mis labios.
Te llevo en la distancia
y por momentos siento que entras a mi alma.

Te grito en el silencio con todas mis fuerzas.
Hay amores que enloquecen.
Hay amores que nunca se olvidan.
Hay caricias que permanecerán para toda la vida.
Hay recuerdos que no escaparán,
porque con nosotros por siempre vivirán.

Cuando te recuerdo vuelvo a sentir la paz
que sólo tu amor me pudo dar.
La verdad es que me haces mucha falta
tu ausencia me duele, me mata.
¡Cuanto daría porque hoy estuvieras en mi vida!

¿Cuanto Quieres Apostar?

¿Cuánto quieres apostar a que no me has podido olvidar
pues como mis ojos, otros nunca encontraras?

¿Cuánto quieres apostar a que no me has olvidado,
pues me amas tanto que eso está más que
comprobado?

¿Cuánto quieres apostar a que no has podido olvidar
todos esos besos que te hacían alucinar?

¿Cuánto quieres apostar a que toda tu vida me
recordarás
porque no ha habido en tu vida otra mujer igual?

¿Cuánto quieres apostar a que por las noches me
sueñas
y en el día verme es lo que más deseas?

¿Cuánto quieres apostar que ésa que hoy tienes
no se me puede comparar, pues como yo otra no
encontrarás?

¿Cuánto quieres apostar?
¡Tu sabes, perderás!
Ante mis ojos tú no lo puedes negar.

Deseo

Que cuando más feliz te encuentres,
te hagan lo que me hiciste.

Que cuando estés más ilusionado,
se alejen de tu lado.

Que llores más
de lo que yo lloré.

Que por las noches no duermas,
no encuentres la paz.

Que sufras más
de lo que yo sufrí.

Que cuando más desees que te amen
nadie te quiera a ti.

Que cuando más te enamores
sufras desprecios del desamor.

Que cuando te arrepientas y pidas perdón
te desprecien sin compasión.

Que te duela acordarte de mí,
si un día te acuerdas.

Deseo que te partan el pecho, te maten el alma
y sientas mucho dolor cuando pierdas un amor.

Distintos Caminos

Nuestras vidas tomaron distintos caminos

aunque nosotros siempre quisimos estar juntos.

Estar con otro, besar otros labios,

decir a otro que lo amo no es fácil,

Yo sólo a ti te amo.

Entre tú y yo quedaron tantas cosas sin decir,

tantos sueños e ilusiones sin cumplir.

Todo se fue al igual que tú.

Todo terminó cuando éramos más felices.

Pero el amor entre nosotros aún vive.

Ni esa otra ni ese otro lo borraron.

Cuando estoy con él, en su lugar te quisiera ver.

A esa otra los días que le quedan la aborreceré.

Porque besa tus labios, mira tus ojos, toca tu piel

y tomó el lugar que yo siempre soñé.

Y a ese otro sé que le aborreces, porque él me tiene.

Podrá tener mi cuerpo pero nunca mi mente.

En ella sólo tú estás presente,

Te amo por siempre.

¿Donde Estas?

¿Dónde estás?
¿Qué haces?
¿Me recordarás?
¿Cómo vives?
¿Qué harás?
¿Serás feliz?
¿Pensarás en mí?

¿Donde estás?
Yo siempre te recuerdo.
No te puedo olvidar.
¡Cuánto deseo saber dónde estás!

¿Dónde estás?
¿Qué noches pasas?
¡Quien lo sabrá!

¿Dónde estás?
Si supiera dónde estás
te iría a buscar.
Correría a tus brazos
y nunca te dejaría escapar.

¿Dónde, dónde estás?

El Amor Con Tequila No Se Olvida

Ayer me metí a la cantina del pueblo

para tratar de olvidar tú maldito recuerdo.

Me embriagué de tu fuente de sueños,

bebí de tu boca muchos besos.

Quise beber hasta ver el nuevo amanecer.

Brindé por tu ausencia, por la cruda realidad de mi pena.

El licor me supo a puro dolor,

al dolor que me quema, como fuego por dentro.

Consigo olvidar todo pero de ti más me acuerdo.

El amor con tequila no se olvida.

El tequila no borra tus mentiras.

El tequila abre mis heridas y siento más agonía.

Tomando licor quise dar sentido a la razón,

pero la razón no conoce los misterios del amor

El amor con tequila no se olvida.

El tequila me ha hecho sentir

que a pesar de mi sufrir vale la pena vivir.

Brindo con tequila por tu olvido,

pero lo que hemos vivido se queda conmigo.

Brindo una vez más por el dolor y el desprecio de tu amor.

El Amor Duele

Desde que te conocí
supe que te amaría el resto de mi vida.

Cada día, cada hora,
todos los días estaré pensando en ti.

El amor duele,
cuando de verdad se ama.

Al verte con otra supe justamente
dónde tenía mi dolor.

Las heridas del corazón
no se cierran fácilmente.

Aprendí que lo que no mata,
te fortalece.

Me hago la fuerte,
pero me cuesta tanto resistir.

Te fuiste, dejaste de existir,
o más bien, nunca exististe.

El Amor Es O No Es

El amor es o no es.
Se quiere o no se quiere.
¿Como puedes decir que no lo sabes?
Cuando se quiere se siente.
Cuando se quiere se extraña.
Si el amor se aleja duele el alma.

El amor es o no es.
Se quiere o no se quiere.
No se puede no saber.
Al corazón no se le engaña,
él sabe bien cuando ama.
Para qué perder el tiempo por lástima.

El amor es o no es.
Se quiere o no se quiere.
A veces la verdad duele,
pero cuando no se quiere, no se quiere
y cuando se quiere se quiere.
Existe o no existe.

El Amor Es

El amor es más que una simple palabra.

El amor es sentir alegría en el alma.

El amor es volar en una aventura.

El amor es paciencia, ternura y dulzura.

El amor es pasión y comprensión.

El amor es nuestros nombres en un solo corazón.

El amor es tú y yo.

El amor es vivir con una ilusión.

El amor es simplemente estar enamorados del amor.

El Amor

El amor no tiene idioma.
Es conocido por cualquier raza o color.
Se encuentra en todo el mundo,
en el más escondido rincón.
El no sabe de clases sociales,
no conoce la discriminación.
Para él no existen fronteras,
él llega cuando tú menos lo esperas.

El Fantasma De Tu Amor

Hoy sólo queda el fantasma de tu amor,
aunque muera de dolor, la historia terminó.
La tinta de mis poemas es la sangre de mis venas,
olvidarte anhelo pero más te deseo.

Aún percibo la fragancia de tu piel,
eres un fantasma que yo nunca olvidaré.
A veces siento que me tocas
con el dulce roce de tu boca.

Tengo sentimientos encontrados, difíciles de explicar.
pero mi realidad es que no te puedo dejar de amar.
Sólo me queda abrazar el fantasma de esta soledad
que me ahoga cada día al despertar.

El mar podrá morir en su propia sal
pero yo jamás te dejaré de amar.
¡Qué difícil aceptar la realidad
cuando tu corazón no puede ver la verdad!

Mi alma llora, mi vida se va
y aún me pregunto ¿qué hice mal?
En el recuerdo de mi vida vivirás por siempre
porque te amaré eternamente.

Si pudiera regresar el tiempo
viviría mil veces nuestros mejores momentos.
Pero hoy son fantasmas los recuerdos de tus besos
y no puedo sacar de mi corazón, el fantasma de tu
amor.

Eres Mi Luz

Eres la luz que mi sendero quiere amar,

la mujer que mis labios desean volver a besar,

porque te amo como a nadie he amado igual.

He intentado y no he logrado

de mi mente desprenderte.

Fuiste ternura que hoy vives en mi mente.

Eres agonía que todo el día está presente.

No comprendo cómo yo aún puedo quererte,

si tú lo sabes y eres conmigo indiferente.

Solo pido una oportunidad a este corazón

que solo te ha de amar.

Eres la fuente donde deseo saciar mi sed,

eres el aire que respiro

y por ti estoy vivo.

Quiero estar para siempre contigo.

Eres

Eres una sombra
que no me deja descansar.

Eres el recuerdo más profundo
que no logro olvidar.

Eres, fuiste y serás
el hombre que quise más.

¿Qué hago
para de mi alma poderte arrancar?

Por más que trato
en mi mente y vida estás.

Eres la agonía de mis noches
que no me deja dormir en paz.

Eres la tristeza de mis días
que no me deja a otro amar.

¿Hay alguien que me diga
cómo poder olvidar al hombre que quise tanto
y de mi alma no he podido arrancar?

Escribo

Escribo,
porque lo escrito permanece
y las palabras se las lleva el viento.

Escribo,
para poner mis ideas en orden
esperando tener una respuesta.

Escribo,
para huir de la soledad,
para salir de mi tristeza.

Escribo,
para trasmitir un pensamiento,
para no olvidar lo vivido.

Escribo,
para volar,
porque la pluma da el giro que le quiero dar.

Escribo,
porque el pensamiento llega
donde la verdad no puede llegar.

Escribo,

para reír,
para llorar.

Escribo,
porque la penumbra de tu recuerdo
vive aún dentro de mí.

Escribo,
para decirte lo mucho que te amo
y que no puedo vivir sin ti.

Este Amor

Este amor es visible

se puede tocar con las manos

no necesita explicación.

Está suelto en nuestros cuerpos

y duerme dentro de nuestro corazón.

Se hace a medida de las necesidades

y posibilidades a la pasión.

Siempre con una sonrisa

que hace crecer más al amor.

Facil, Dificil

¡Qué fácil
es decir lo siento!

¡Qué fácil
te vas de mí!

¡Qué fácil
no volverme a ver!

¡Qué fácil
sacarme de tu corazón!

¡Qué fácil
cuando no se ama de verdad!

¡Qué difícil
es vivir sin ti!

¡Qué difícil
dejar de pensar en ti!

¡Qué difícil
cuando se ama tanto!

¡Qué difícil
escapar de tus recuerdos!

¡Qué difícil
olvidar tan fácil como tú.!

Gracias

Porque cuando triste está mi corazón
con tus besos calmas mi dolor.

Cuando tiene pena mi alma
secas con tus manos mis lágrimas.

Por importarte, al verme triste
dispuesto llegas a hacerme feliz.

Cuando tus ojos me miran a la cara
encuentro ternura, encuentro la calma.

Porque siempre al decirme te amo
acercas tu boca a mis labios.

Acaricias mis mejillas
y con amor curas mis heridas.

Mientras tus manos abrazan mi cuerpo
acaricias tu cara en mi pelo.

Gracias por no importarte mi pasado
y solo amarme desde que llegué a tu lado.

Hasta El Mas Alla

Me pediste que te regresara

todas las cosas que un día me regalaste.

Te regreso todo.

Todas las cosas que contigo soñaba.

Pero tus besos y tus abrazos

los tengo muy dentro de mi alma

y nunca te los podré regresar.

Porque aunque intenté

nunca, nunca los podré olvidar.

Están presentes en mi mente.

Con tan sólo al cerrar los ojos

los vuelvo a recordar.

Espero comprendas

porque eso no te lo puedo regresar.

Necesitarías matarme

y no creo que te los pudiera regresar.

Se irían conmigo hasta el más allá.

Hoy Lloro Por Ti

Hoy mis ojos lloran
como los tuyos un día lloraron.
Hoy recuerdo el día que te dejé,
el día que no me importó,
el dolor que te causé.
No me importó nada
sólo buscaba lo mejor para mí.
Hoy cuenta me doy
que tú eras lo mejor.
Hoy comprendo
el error que cometí.
¿De qué me sirve todo
si la felicidad la dejé
el día que te abandoné?
Hoy mis ojos lloran por ti
como los tuyos lloraron por mí,
el día que no me importó nada,
que no hice caso a tus palabras,
porque solo en mí pensaba.
Hoy me doy cuenta
que de nada me sirve todo
porque no te tengo a ti.
Hoy mis ojos lloran
como los tuyos lloraron por mí.

Hoy Te Regalo Mi Almohada

Hoy te regalo mi almohada
y los sueños que con ella abracé.
La que secó mis lágrimas.
La que mordí cuando lloraba.
La que sabe tanto de mí como mi alma.

Hoy te regalo mi almohada.
La que sabe de mis noches de tristeza.
La que abracé con tanta fuerza.
A la que extendí mis manos para acariciarte.
A la que juré nunca olvidarte.
La que sabe cuánto te amo.

Hoy te regalo mi almohada.
Ella conoce mi melancolía y mi soledad.
Sabe del dolor que dejó tu ausencia.
Fue mi refugio ante la nada.
A ella platiqué mis ilusiones y esperanzas.
En ella ahogué mi silencio, mi nostalgia.

Hoy te regalo mi almohada,
en la que me refugié cuando me sentía perdida.
La que abracé con la esperanza de volverte a ver un día.
En ella encontré ternura cuando te pensaba.
En tu ausencia lo mejor, fue mi almohada.

La Cadena Del Amor

A veces el amor es como una cadena,

no siempre nos ama el que uno quisiera.

Yo te quiero a ti y tú no me quieres a mí.

Así es la cadena del amor.

Yo me quedo sin ti

y tú sigues rogando a esa que no te quiere a ti.

Y me pregunto:

¿Cuántas personas habrá así?

¿Cuántas hay como tú?

¿Cuántas hay como yo?

Porque tú no me quieres a mí

como yo te quiero a ti.

Porque a ti no te quieren

como yo te quiero a ti.

La Magia Del Amor

Es la magia del amor
sentir tus besos, tu pasión.
¡Un solo beso trasmite tanto amor!
Verte a los ojos es mi ilusión.
Es la magia del amor
sentir que te amo sin control,
que no hay límite para este amor.
Ver tu rostro con la luz del sol
tocar tu cuerpo en un oscuro rincón.
Es la magia del amor
tenerte en mi mente
cuando estás ausente,
recortar el tiempo
para volver a verte.
Eres un rayo de sol
que cobija nuestro amor.
Es la magia del amor
no sentirme nunca sola,
porque estas tú, que me adoras.
Es la magia del amor
que nos envuelve en esto maravilloso
que es lo más hermoso:
La magia del amor.

La Manzana De Tu Cuello

En las noches de sueño
soñaba en ese entonces
forjar un amor con un conjuro mágico.
Que permaneciera la vida entera.
Que el tiempo que mediara nuestros besos
fuera eterno, eterno.
Que nuestro sueño nupcial
fuera en nubes de locura
y nos bañara el amor con su ternura.
Que fueras para siempre
la ruleta de mi vida.
Soñaba en besarnos tanto,
hasta desgastar los labios.
Que la marea de tus sueños
sólo en mi mar subiera.
Soñaba detener el tiempo
y besar para siempre
la manzana de tu cuello.

Lamentos

¿Dónde termina el crepúsculo?
¿Dónde se acaba el vacío?
¿Dónde el alba muere para siempre?
¿Dónde quedo la región de los sueños?
¿Dónde quedaron las memorias del amor?

En el fondo del tiempo se han perdido
Como un tesoro enterrado en el pasado
Ni siquiera se pudo salvar el amor.

¿Dónde quedó el fuego ardiente de la fe?
¿Aquel amor inmenso que a los dos pertenecía?
La vida interrumpió nuestro espacio
Se partieron las almas en pedazos.
Perdidos en el aire todos nuestros sueños,
Sólo quedan tristes y silenciosos lamentos.

Las Heridas

Las heridas están frescas por tu ausencia
en mi interior sólo hay pensamientos de tu amor.

Qué puedo hacer, para renacer y olvidar este amor
que hechizó el tiempo
que se tejió con nuestros besos.

Hoy son las noches crueles que penan mi alma.
La soledad y el silencio viven en mi tiempo
fuiste mi cielo y hoy mi infierno.

Que inútil es querer olvidarte
si te miro en todas partes.
Mil recuerdos, mil razones,
que unieron nuestros corazones .

Pensé que estaríamos juntos para siempre.
Imaginé tu amor cada mañana.
Eras la noche perfecta en mi vida
¿Dónde quedó aquel amor que tocó el cielo?

Tu amor me tiene encadenada
a mis noches tristes, deshabitadas.
Hoy sólo quedan tus huellas,
agonía, lagrimas y melancolía.

Llegaste Del Jardín De Los Sueños

No hay más que esta ternura
que siento hacia ti.
¡Tu amor me hace tan feliz!
Estás abrochado a mi corazón,
como ojal al botón.
Tu amor es mi devoción,
perderme en tus brazos es mi pasión.
Eres el sueño hecho realidad.
Eres mi vida.

Nunca imaginé ser tan feliz.
Me encanta cuando tus labios besan mi boca.
El amor llegó a mi vida
y quiero tus besos cada día.

Llegaste del jardín de los sueños
donde tu amor, tu ternura y tus besos
existían sólo en cuentos.
Pero hoy eres mi realidad
y mi mayor felicidad
gracias por tu amor y tu ternura.
Gracias por estar en la historia de mi vida.

Lo Lamento Mi Vida

Tengo tres días sin poder dormir
encerrada en mi cuarto,
pensando en ti,
en todo lo hermoso
que contigo viví.

Lamento mi vida
que hoy no sea así.

Pero tú así lo quisiste
ahora tendrás que sufrir.
¿Por qué me fallaste
andando con otra?
¿Por qué no pensaste
que te podría encontrar?
¡Ahora me dices
que sólo quisiste jugar!
!Pues jugaste con fuego
y te quisiste quemar!

Yo siento que me muero,
y te quisiera perdonar,
pero el orgullo no me deja
no lo puedo evitar.

Tengo mucho miedo
que un día me vuelvas
a traicionar.

Lo lamento mi amor
ya no podría volver a confiar.

Logra Tus Sueños

El amor es una cosa

que no se puede explicar.

Y los sueños son hermosos

cuando se pueden lograr.

En esta vida uno sabe

que siempre hay que intentar,

y caminar por la vida

sin miedo a tropezar.

Y si tropiezas, ¡levántate!

y vuelve a caminar.

Porque la vida es muy corta

y cuando menos lo piensas se va.

Pero mientras haya corazón,

alma y vida en el cuerpo,

luchemos para lograr

todos nuestros sueños.

El amor, la felicidad,

y sobre todo lo más hermoso

el sueño del verdadero amor.

Mala Decision

Tomé una decisión

y no fue lo correcto.

Tomé una decisión

y hoy me arrepiento.

Tomé una decisión

porque en ese momento

pensé que era lo correcto.

Tomé una decisión

que hoy tiene triste mi corazón.

Tomé una decisión

que tiene mi vida en desilusión.

Tomar decisiones precipitadas

no te llevan a nada.

Tomar decisiones estúpidas

para que el que nos ama sufra.

Tomar decisiones erróneas

por venganza absurda.

Por una mala decisión

se pierde el verdadero amor.

Una mala decisión

tiene hoy triste mi corazón.

Me Dejaste Por Ser Pobre

Me dejaste por ser pobre.
Pero tarde te enteraste,
que el dinero no lo es todo.
Podrás tener todo en el mundo,
pero el amor no se compra
y el olvido no se vende.
Siempre me recordarás.
Pensarás en toda la felicidad
que en mi pobre mundo yo te supe dar.
Los abrazos y los besos,
esos nunca olvidarás.
Con dinero,
de tu mente no me borrarás.
Cuando pasas por mi pobre casa,
tus ojos no dejan de voltear.
Sé que deseas que salga
y te corra a abrazar.
Volver a esos momentos
que no has podido olvidar.
Pero tú sabes que eso,
nunca podrá volver a pasar.
Porque tú me dejaste por ser pobre,
y eso nunca te lo voy a perdonar.

Me Encantaría

Me encantaríacantar contigo esta melodía.

Me encantaría sonreír contigo día a día.

Me encantaría abrazarte y tenerte por siempre.

Me encantaría vivir contigo mis últimos días.

Me encantaría que tú me quisieras como yo a ti un día.

Me encantaría.

Me Queda

Me queda la dicha de haberte besado.
Me queda el recuerdo de nuestro pasado.
Me queda el dolor de haberte perdido.
Me queda el amor de haberte tenido.

Me queda algo que llevo dentro de mí.
Me queda algo que hará que nunca te olvide.
Me queda lo más bello que sin pensar me regalaste.
Me queda un hijo que lleva tu sangre.

Me queda toda una vida.
Me queda este nuevo amor.
Me queda la eternidad que nos separa.
Me queda este hijo del que nunca sabrás nada.

Me queda el desconcierto.
Me queda tu ejemplo con aciertos.
Me queda mi realidad y mis sueños.
Me queda el amor que llegó después de que el tuyo se fue.

Me Querías

Me querías
y yo de ti me reía
cuando llorabas y me lo decías.

Me querías
porque cuando me mirabas
yo lo sentía.

Me querías
porque siempre
fuiste conmigo sincero.

Me querías
porque cuando yo quería
de ti me reía.

Me querías
y yo tan desagradecida
sabía lo que tú sufrías.

Me querías
porque no sabías como yo era
de verdad.

Me querías
porque tu realmente
no me conocías.

Me Recordaras

Me recordarás
porque necesitas de mí
como yo necesito de ti.

Me recordarás
porque me llevarás como una espina,
clavada de tu alma a la mía.

Me recordarás
y desearás que esté junto a ti
como el aire que respiras.

Me recordarás
y nunca podrás olvidarme,
jamás de tu mente lograrás sacarme.

Me recordarás
porque en tus recuerdos y pensamientos
estaré presente cada día.

Me recordarás
porque aunque pasen los meses, los años
desearás que este a tu lado.

Me recordarás
porque me querrás con el amor que nos quemó la piel
y hoy y siempre me querrás igual que ayer.

Mi Refugio

Mis refugios más bellos
son tus ojos y tus besos
que me hacen tocar el cielo.
Son sitios maravillosos.
tu presencia con la mía.
Son delicias tus caricias
amo tu mirada, tu sonrisa.
Eres la luz en mi silencio,
mi refugio en nuestro lecho
que me alegra y me enamora.
Somos islas encantadas.
Como el sol es nuestro amor.
Eres mi amanecer, mi anochecer.
En nuestras siestas de miel
en ti encontré el paraíso perdido.
Eres mi refugio amor mío.
Mi sueño mi entorno.
Eres mi todo, te amo te adoro.

Mis Arrugas Te Molestan

Me dejaste por alguien
que hoy arrugas no tiene.
Pero recuerda que con el paso del tiempo
no se piden, solas vienen.

Yo acepto no hay retorno al tiempo.
Vienen incluidas con alegrías y sufrimiento,
con tristezas y bonitos recuerdos,
la piel se marchita sin quererlo.

En esta vida uno aprende
que hay gente humilde,
que hay gente buena,
que hay gente mala,
que hay gente déspota.
Pero tuvieron que pasar muchos años
para darme cuenta que por ti estaba ciega.
Porque tú no eres el hombre
con el que llegaría a vieja.

Porque hoy cuenta me doy
que mis arrugas te molestan.
Pero los años pasan y te dan sorpresas,
de la vejez nadie escapa
¡y a ti que tanto te molesta!

Muero Día A Día

Escrito estaba en mi alma, esta alma que navega
y va muriendo poco a poco de pena,
que te amaré por siempre,
aunque mío no seas.

Sobre mi alma un sueño,
sobre mi sombra un recuerdo,
un suspiro silencioso
al recordar tus bellos ojos.

Esta alma navega en silencio.
Pasan días, meses, años,
mi rostro va envejeciendo
y te llevo en el recuerdo.

¿Cómo detener el tiempo?
Si el tiempo es un secreto
que arrastra mi melancolía
mientras muero día a día.

Ni Con Mil Poemas

Ni con mil poemas
te diría lo que siento.

Ni con mil poemas
te diría lo que pienso.

Ni con mil poemas
sentirías cuánto te quiero.

Ni con mil poemas
me acercaría a tus pensamientos.

Ni con mil poemas
sentirías lo que yo por ti siento.

Ni con mil poemas
me soñarías como te sueño.

Ni con mil poemas
me querrías como te quiero.

No Espero Mas Tu Llegada

Hoy fue un día de ganas de nada,
de sentarme a ver llover por mi ventana,
y recordar los días de lluvia que a tu lado pasaba.

Hoy es un día de aquellos lluviosos,
un día de suspiros y bostezos.
Hoy este día me acordé de ti.

Hoy no es un día de aquellos
que aun feos me parecía los más bellos.
Es un día de tristeza y recuerdos.

Hoy es un día de aquellos
que en tu amor me cobijaba
cuando sólo tú me importabas.

Estás en mis recuerdos, vives en mi alma.
Hoy es un día de lluvia, un día de nada.
Hoy no espero más tu llegada.

No Me Quieres

No me quieres.
Sólo me recuerdas como algo pasado.

Como algo que pasó,
entre las nubes y medio borrado.

Como cuando pasa el tiempo
y todo es pasado.

No me quieres, nunca me has querido
yo sólo he sufrido.

Nunca volverás,
nunca me verás,
nunca me amarás.

No me quisiste,
no me quieres
y jamás me querrás.

No Tengo Tu Amor

Tengo todo
y no te tengo a ti.

Tengo todo
y no soy feliz.

Tengo todo
y mi vida está vacía sin ti.

Tengo todo,
pero la felicidad se esfumó de mí.

Tengo todo,
pero lo que más amo, no está aquí.

Tengo todo,
pero lo que más anhelo, ya lo perdí.

Tengo todo,
¿y para qué? si hoy no te tengo a ti.

Tengo todo,
pero no tengo tu amor.

Nostalgia

La noche está callada, obscura y fría.
Su mirada, su voz, perdida.
Noche de fantasmas, de recuerdos y lágrimas.
Noche de ilusiones y anhelos que se fueron.

Noche del silencio,
del alma entristecida.
De caricias sólo en sueños,
nunca en vida.

Noche de nostalgia,
de pena y dolor.
Noche sin amor.

Una noche más,
como otras igual,
donde este corazón vive con nostalgia,
por no tener tu amor.

Nunca Te Olvide

Nunca pensé que te llevaría
en lo más profundo de mi ser.
Han pasado los años,
pero nunca te olvidé.

Tengo alguien que me quiere
y también lo quiero a él,
pero nunca lo amaré
como yo a ti te amé.

Por un tiempo pensé
que lo había logrado,
que de mi corazón
te había arrancado.

Pero mi verdad es otra,
siempre te he amado
nunca te he olvidado
y creo que nunca te olvidaré.

Te logro sacar de mi mente
y te vas a mi subconsciente.
De ahí regresas nuevamente
y en mis sueños estás presente.

No te he olvidado,
tus recuerdos viven a mi lado.
Eres un recuerdo vivo
y hoy un amor perdido.

Pedazos

El sueño de nuestras almas
no se pudo realizar.
Este amor me duele, sangra,
está metido en mis entrañas
y las ideas planeadas
nunca se realizarán.
Sólo queda un triste desierto
donde están atrapados nuestros pensamientos,
donde sólo vuelven los recuerdos
en el más triste y solo silencio.

De las noches de amor, ternura y besos
en aquel lecho que nos quitó la sed,
hoy queda sólo tu retrato
y este amor truncado.

Tuve tu mirada, estuve entre tus brazos
y hoy sólo me quedan tus recuerdos en pedazos.

Perdonar No Es Igual Que Olvidar

Perdonar no es igual que olvidar.

¡Te perdono! pero olvidar no lo puedo lograr.

Será mejor que cada uno tome su rumbo,

¿para qué discutir esto que no puedo admitir?

¡Te amo! pero te perdí desde que no pensaste

el daño que hoy me harías sufrir.

Hoy me dices que me amas, que fue un error,

una locura que no se volverá a repetir.

¡Cuánto lo siento!, pero desde hoy no confió más en ti.

Por lo mismo que te amo hoy todo termina aquí.

Las discusiones van en aumento, será mejor así.

Fui tan feliz contigo como nunca lo fui.

Te perdono pero sé que no podré olvidar.

Tampoco olvidaré que fuiste el hombre que siempre soñé,

que siempre me hiciste sentir la más bella mujer.

Fuimos muy felices hasta que cometiste

la gran estupidez.

Te perdono pero nunca olvidaré.

Las cosas nunca serían iguales.

Perdonar no es igual que olvidar.

¿Por Que Ahora Que Te Has Marchado?

¿Por qué ahora que te has marchado
sé cuánto en realidad te he amado?

¿Por qué ahora que te has marchado
te necesito y cuando te tenía no lo sabía?

¿Por qué ahora que te has marchado
la derrota está de mi lado?

¿Por qué ahora que te has marchado
me doy cuenta lo bueno que fuiste conmigo?

¿Por qué ahora que te has marchado
deseo que regreses para siempre a mi lado?

¿Por qué ahora que te has marchado
sé que eres el hombre que más he amado?

¡Que Daría!

¡Qué daría por verte
cuando mi alma lo pide!
¿Cómo olvidarte
cuando el corazón no lo consigue?

¿Cómo olvidar tú recuerdo
si él conmigo vive?
Sólo tus besos me hicieron sentir
ese algo que jamás se ha vuelto a repetir.

He guardado en mi alma
tantas cosas que ya no puedo callar
y te grito en silencio,
me muero de ansiedad.

¡Qué daría por sentir tu corazón
junto al mío nuevamente palpitar!
Amarnos por siempre
para toda la eternidad.

¡Que Lindo Sería!

¡Qué lindo sería estar en tus brazos
compartiendo contigo ricos besos y abrazos!

¡Qué lindo sería despertar entre sábanas
y estar a mi lado el hombre que me ama!

¡Qué lindo sería tumbarnos en la arena
y abrazados mirar juntos las estrellas!

¡Qué lindo sería que a través del tiempo
me esperen tus abrazos y tus besos!

¡Qué lindo sería atraparte en mis brazos
para que no te vayas jamás de mi lado!

¡Qué lindo sería amarte sin sufrir,
que bello seria entregarse así!

¡Qué lindo sería despertar brevemente
y sentir tus manos acariciándome!

¡Qué lindo sería que te sentaras junto a mí
y me digas que me amas como yo te amo a ti!

¡Qué lindo sería leer poemas de amor
y darnos muchos, muchos besos!

¡Qué lindo sería juntos caminar
tomados de la mano por la orilla del mar!

¡Qué lindo sería imaginar por un momento
que mis ilusiones fueran reales y no un sueño!

¡Qué lindo sería despertar con tu presencia
y no morir lentamente con la pena de tu ausencia!

Quise, Trate

Quise no equivocarme y me equivoqué contigo.
Quise que me amaras y solo amé.
Quise ser feliz y solo fui desdichada.
Quise soñar y solo tuve pesadillas.
Quise hacer todo bien y me salió todo mal.
Quise entender y quedé más confundida.

Traté de vencer y terminé vencida.
Traté de no tener miedo y quedé aterrada.
Traté de escapar y quedé atrapada.
Traté de no llorar y terminé en llanto.
Traté de hablar y opté por callar.
Traté de merecer y nunca merecí nada.

Cuando quise vivir estaba muerta en vida.
Cuando perdía la fe llegó la luz a mi vida.
Tu amor fue lo peor que a mí me sucedió.
Hoy doy gracias a Dios que eso ya pasó.

Eres pasado.
Nunca dejaré que tú me hagas más daño.
Quise traté y lo logré.

Raza Y Religion

Dejé partir al verdadero amor
por la diferencia de raza y religión.

Dejé partir al verdadero amor
porque para mis padres eso era lo mejor.

Te dejé partir
y hoy tengo partido el corazón.

¿Y todo para qué? Hoy no te tengo
y nadie puede quitar mi dolor.

¿Y todo para qué? Hoy mi vida
no tiene sentido ni razón.

¿Y todo para qué? Hoy estoy sola
triste y sin tu amor.

¿Y todo para qué? Después de ti
no hubo nadie que llenara de amor mi corazón.

Y todo porque eras de otra raza
y tenías diferente religión.

Te dejé partir.
Dejé partir al verdadero amor.

Recordar

Se dice que recordar es volver a vivir,
pero por más que recuerdo no te tengo a ti.
Recordar por momentos me hace feliz,
pero la realidad es más triste cuando sé que te perdí.
Recordar para no olvidar la felicidad que un día me
supiste dar.
Recordar para darme cuenta de que aún vives dentro de
mí.
Recordar mientras añoro volverte a encontrar.
Recordar mis sueños que se despumaron como las olas
del mar.
Recordar me duele tanto ahora que no estás.
Recordar ese beso de amor que no se olvidará.
Recordar justamente hoy que tú a mi lado no estás
más.
Recordar que tengo abierta una herida.
Recordar que serás el amor de mi vida.
Recordar que mis noches son vacías.
Recordar que llenaste de amor y alegría un día mi vida.

Regresa A Mí

Hoy no hay distancia más grande,
que la que siento al estar lejos de ti.

No hay momentos más tristes,
que los que cuando pienso en ti.

Me fui muy lejos para olvidarme de ti,
pero es imposible, siempre estoy pensando en ti.

¿Por qué es así la vida?,
Sin pensarlo nos hemos hecho tanto sufrir.

Mi amor te pido, regresa a mí.

No suframos más, todo fue un error,
sé que me amas al igual que yo.

Comencemos de nuevo por favor,
olvidemos todo lo que pasó.

Comencemos de nuevo,
te prometo que todo será mejor.

Regresare

¡Oh dulce amor!

no llores porque hoy me voy,

piensa en mí

y en tus sueños nunca me olvides.

Recuerda que te amo

y al igual que tú desde hoy te extraño.

Llegará pronto el día

que por siempre estarás a mi lado.

Nunca pienses que no te amo,

al contrario te amo más que demasiado.

Regresaré pronto para estar a tu lado,

por siempre mi amor.

Rompiste Mi Corazón

Haz roto mi corazón

como nunca nadie lo rompió.

Rompiste mis ilusiones

como si nunca hubiera habido nada

entre tú y yo.

Porque todo lo nuestro

de un día para otro se te olvidó.

Rompiste la esperanza

que tenía en el amor.

Rompiste todos mis sueños.

¿Dónde quedaron tus promesas de amor?

¿Dónde quedó aquel

que un día me enamoró?

Con promesas falsas,

no se tentó el corazón,

para romper el mío

sin tener consideración.

A cambio del amor que te entregué

recibí de ti lo que nunca imaginé.

Rompiste mi corazón.

Rota

Hoy la campana está rota.
Recuerdo cuando sonaba,
teníamos cita en la plaza
Después de misa a la casa
en el transcurso del camino
tomados de la mano
caminábamos en nubes.
Adolecentes y enamorados,
entre besos inocentes,
a veces asustados,
pensando que esos besos
eran un gran pecado.

El tiempo a tu lado era corto,
tan corto que parecía un instante.
Te pensaba todo el tiempo
y más deseaba cada día tus besos.

Pero la cruel realidad un día
me separó para siempre de tu vida.
Hoy sólo tengo recuerdos de aquel amor
y tus ojos son mi agonía,
La campana aquella rota
sigue rota todavía.

Sentir Tus Brazos

Estaba tan sola, ¡quién iba pensar
que algo tan bello me podía pasar!

Sentir tus brazos al despertar
es lo más bello de mi realidad.

Ya no hay tristeza, ya no hay soledad
tu alma y mi alma se aman igual.

Sentir tus brazos cada mañana,
sentir tus brazos, saber que me amas.

Con tus besos curaste el dolor
y la tristeza de mi corazón.

Sentir tus brazos es un regalo,
el más bello que la vida me ha dado.

Sentir tus brazos cada mañana,
sentir tus brazos, saber que me amas.

Soledad

Soledad que me abrazas
sin compasión.
Soledad matas la esperanza
del amor.
Soledad en tus brazos
solo hay frío y dolor.
Soledad vete,
deja que el amor
entre a mi corazón.
Soledad vete, vete por favor.

Sólo Quise Que Me Quisieras

Sólo quise que me quisieras.
Hice todo lo que pude,
te traté con tanto amor.
Sólo deseaba para ti lo mejor.

Pero hoy cuenta me doy
de que todo eso de nada valió.
Intenté por tantos caminos
tenerte siempre conmigo.

Te escribí tantos poemas de amor,
te hice tantos regalos con valor.
Sólo quise que me quisieras
y que de mi lado nunca te fueras.

Pero hoy cuenta me doy
que nada se detiene sin amor.
Aunque diera de mí lo mejor
y te diera todo mi amor.

Te Ame Con Pasion Y Devocion

Te amé con pasión y devoción

y naufragué en una balsa de ilusiones,

en un mar sin esperanza,

con palabras sin sentido,

pues tú no eras más mío.

Hoy sólo queda desistir de este amor

que causa tanto dolor.

Hoy me quedo sola y no puedo pensar

qué necesito para continuar.

¡Qué triste es saber

que nunca más te tendré!

Pero la vida es así, injusta y cruel.

Te amé con pasión y devoción

y a cambio recibí sólo dolor.

Mi balsa de amor por fin se hundió

y ese mar sin esperanza completa me ahogó.

Te Amo

Te amo porque eres el amor que siempre había esperado.

Te amo y contigo renació aquello que creía olvidado.

Te amo porque contigo logré mis sueños.

Te amo de una manera que no comprendo.

Te amo esperando un amanecer que mañana ha de volver.

Te amo con todo mí ser, hoy mañana y siempre

Te amo soñando el futuro, viviendo el presente.

Te amo como siempre soñé amar a alguien.

Te amo y de mi noche eterna eres un nuevo amanecer.

Te amo soñando que eres mío y al despertar tenerte conmigo.

Te amo y la tristeza hoy es pasado

Te amo otoño, primavera, invierno y verano.

Te Deseo Lo Mejor

Deseo que en tu nueva vida

tengas siempre motivos

para ser feliz y sonreír.

Deseo que nunca te falte el amor

para mantener tu corazón con alegría.

Me hubiera gustado ser yo,

la que hoy compartiera

contigo tu nueva vida.

Darte todo este amor

que no cabe en mi pecho.

Pero al verte feliz me reservo.

La vida no es lo que uno quiere

sino lo que uno puede.

Yo no pude lograr tu amor,

mas sin embargo te deseo,

con todo mi corazón,

que en tu nueva vida

tengas amor, cariño y comprensión.

Sinceramente te deseo lo mejor,

hoy y siempre tu ex amor.

Te Encontre

Cuando no buscaba,

cuando no pensaba,

cuando no quería

llegas a mi vida.

Te encontré

cuando no pensé

que esto a mí

me iba volver a suceder.

Cuando no quería

volver a ver a una mujer.

Después de un desengaño,

después de tanto daño,

después de no creer,

en ti encontré ese algo

que siempre soñé.

Le di paso al tiempo

y hoy no me arrepiento.

¡Mira lo que encuentro!

Ese ser precioso

que es lo más hermoso

que me pudo suceder.

Cuando no buscaba

cuando no pensaba,

cuando no quería,

te encontré.

Te Juro Que No Llorare

Si te vas no creas que al marcharte lloraré,

que el amor pasado olvidaré.

Simplemente pensaré, que lo nuestro no pudo ser.

Si derramo lágrimas nada remediaré.

Al marcharte lejos mi luz apagaré.

No habrá nadie que la ilumine otra vez.

Pero sí te digo que no lloraré,

aunque piense en el lindo pasado que viví ayer

y en el futuro que siempre soñé.

Hoy te vas y no se por qué.

Deseo que te vaya bien,

al marcharte me despediré y la muerte sentiré,

te juro, te juro que no lloraré.

Te Mando

Cuando mando mis pensamientos hacia ti
los mando llenos de dulzura,
llenos de besos con ternura.
Mando mis sueños llenos de ilusión a tu corazón
para que puedas sentir que tu alma
esta clavada a mi vida.
Te mando mis labios, mis cabellos, mi mirada
para que puedas sentir mi presencia
en esta triste ausencia.
Te mando el eco de mi voz enamorada.
Te mando nuestro nido de amor.
Te mando mis besos, mis caricias.
Te mando la paz, que tu amor trajo a mi vida
para que me recuerdes y vuelvas pronto vida mía.

Te Quería

Te quería pero tus recuerdos

viven aun adentro de mi vida

y al decir que no te quiero

claro está que es mentira.

Te quería, te juro

arrancar de mi vida.

Te quería pues no mereces

que te quiera todavía.

Te quería pues lo que hiciste

no se olvida en una vida

y tu pretendes que lo olvide

en un día.

Fui tonta al pensar que jamás

daño tú me harías.

Tú eres capaz

de eso y mucho más.

Te quería porque gente

como tú pronto se olvida

y te olvido como tu olvidaste

respetar a quien más te quería.

Te Quiero

Quiero cantarte algo muy bello

que se escuche hasta el cielo

y llegue a lo más profundo de tu corazón.

Busqué hermosas palabras,

tuve bellos pensamientos,

pero al tenerte cerca

sólo pude decirte

lo mucho que te quiero.

Te quiero.

Eres mi más grande anhelo

y solo deseo vivir

para contigo ser feliz.

Te quiero.

Vives en mí

y al tenerte entre mis brazos

se me olvidan esos bellos pensamientos.

Solo deseo comerte a besos

y decirte cuánto te quiero.

Te Recuerdo

Tu recuerdo me acompaña

no se aleja, siempre está.

El recuerdo de tu rostro

es difícil de olvidar.

Como olvidarte

si te veo en todas partes.

No me conformo,

he buscado en otros rostros

ese algo especial,

pero nada se compara

a tu belleza sin igual.

Fuiste algo importante

y aún no he podido

de mi alma arrancarte.

He tratado, lo he intentado

y con nada lo he logrado.

Llevo tu recuerdo

hasta en lo más profundo

de mis sueños.

Te Regalo Mi Amor

Sólo puedo regalarte mis versos.

No tengo nada sólo mis besos

y este amor que arde de deseo.

Te regalo la luna con el cielo.

Te regalo mi vida con mis sueños.

Te regalo cada latido de mi corazón.

Te regalo la luz de mi sendero.

Te regalo mi amor eterno.

Te regalo la esperanza de un nuevo amanecer.

Te regalo el amor que siempre habías buscado

y el que para ti yo he guardado.

Te regalo todo lo que quieras

incluidos aquí mis labios

que te llevarán al paraíso

si sabes cómo amarlos.

Te regalo esta oración

para que nunca te vayas de mi corazón,

Te regalo lo único que tengo, mi amor.

Te Regalo

Hoy quise regalarte algo especial

que no se consigue en cualquier lugar.

Algo que no tiene valor material.

Hoy te regalo todo mi amor

mi corazón, mis ilusiones

y este amor bello y sincero

que llevo dentro de mi pecho.

Te regalo mi amor en una palabra,

en una ilusión, con la esperanza

de tenerte para siempre

conmigo en mi corazón.

Hoy te regalo para siempre

todo mi amor.

Te Soñe

Te soñé y fue un sueño tan hermoso
como nunca imaginé.
Fuiste mío por primera vez
y me besaste como nunca lo pensé.
Sé que nunca te tuve
y que nunca te tendré
pero en mi sueño te tuve
y eso nunca olvidaré.
Porque siempre que te recuerde,
recordaré que me amaste
aunque sólo fue una vez
en el sueño que soné
y jamás olvidaré.
Me quisiste,
me abrazaste,
me besaste
y me amaste
como siempre imaginé
en el sueño que soñé
y que jamás olvidaré.

Tu Cumpleaños

Hay muchas fechas que no puedo olvidar.
Muchas que cuando llega el día no quisiera recordar.
Hay otras que a veces hacen llorar.
Todas son importantes, como el día que te conocí.
Cuando por primera vez tu mano tomé.
Cuando por primera vez tus labios besé.
Son fechas que te juro jamás olvidaré.

Pero hoy es una fecha muy especial.
Es tu cumpleaños,
Es la fecha de tu nacimiento
por la cual hoy estás y me enamoré de ti.
feliz cumpleaños!
Aunque estés lejos de mí quiero que sepas
que siempre pienso en ti.
Como siempre, hoy me acordé de ti.
¡Feliz cumpleaños!
!Que siempre seas muy, pero muy feliz!

Tuve Un Amor

En mi juventud tuve un amor.
Hoy solo me queda el recuerdo de sus besos.
¡Mi amor fue tan grande!
Quise tenerlo por siempre en mi corazón,
como si el amor fuera devoción.
¡Lo amé tanto!
que aun guardo esa dulce sensación
que sólo se siente,
cuando se ama para siempre.
Tiempo hace de aquel amor
pero lo recuerdo perfectamente.
Hermosos y bellos momentos
acompañados de dulces deseos y besos.
Hoy lo busco bajo el cielo azul
en el recuerdo de su sonrisa,
en mis noches de inquietud
amor de juventud.
Recuerdos donde sólo vives tú.

Un Día Llegara

Si aún no has encontrado
el verdadero amor
y sientes en tu alma
un vacío que llega a tu corazón…

Si a veces piensas
que has logrado la felicidad
y de repente de tus manos se va…

Si te sientes decepcionado
con los amores que has encontrado
porque al final mal te han pagado…

Si has deseado que alguien te ame
como tú has amado
y hasta hoy no lo has logrado…

Si todo esto te ha pasado,
y hoy te encuentras triste
por no encontrar el amor soñado…

La vida sigue y un día llegará
el que te ame de verdad.

Un Día Te Recuperare

Te recuperaré.

Recuperaré los sueños que dejé.

La esperanza que un día olvidé

y toda la dicha que siempre soñé.

Sí, un día te recuperaré.

Ya verás seremos felices otra vez.

Recordaremos nuestra juventud

y todas las cosas que vivimos juntos ayer.

¡Ese día no sabes cuánto te amaré!

Te atraparé a mi lado y nunca te perderé.

Ya jamás te perderé, como te perdí ayer.

Espero con ansia loca

el día que te vuelva a ver.

121

Cerraré mis ojos, te abrazaré con fuerza

y sobre todo te besaré con tanta ternura

como nos besábamos ayer.

¡Un día te recuperaré!

Una Receta

Una receta para el mal de amor
porque embriagarme de licor no funcionó.

Una receta para la nostalgia
porque de nada sirvió salir de casa.

Una receta para el olvido
porque por más que trato no lo consigo.

Una receta para la buena suerte
porque sólo la mala se me aparece.

Una receta para la decepción
porque hasta hoy ningún método funcionó.

Una receta para la soledad
porque con nada la he podido alejar.

Una receta para la tristeza
porque nada se me ocurre en mi cabeza.

Una receta para sobrevivir
porque hoy solo deseo morir.

Vivir En Compañia Y Sentir Tanta Soledad

Imaginé por un momento
que podría ser feliz.
Pero no funciona buscar en otros labios
el calor que en los tuyos perdí.
¡El amor se tiene que sentir!
Sentirse en el alma, vivirse en la piel.
Como deseo mirarme en tus ojos
besarte y morder tus labios rojos.
Es triste la vida sin amor.
!Cuánto sufre el alma
por el amor que no le tocó!
¿Cómo es posible vivir
en compañía y sentir tanta soledad?
Después de ti no hubo nadie,
nadie que yo pudiera amar.
Me casé por soledad
y aún tengo un vacío
que no he podido nunca llenar.
¿Cómo es posible vivir
en compañía y sentir tanta soledad?
No hay besos ni abrazos
que te puedan remplazar.
¡Te amo tanto y aun más!
Vivir con él no significa

no vivir en soledad.
Tu recuerdo me atormenta
no lo puedo a él amar.
Es triste descubrir
que a la persona que contigo está
simple y sencillamente
nunca, nunca, la podrás amar.
Es mejor vivir sola
que con alguien a quién nunca amarás,
sólo por soledad.
Porque la soledad seguirá.
Si a esa persona no la amas
nunca la podrás amar.

Vivo En El Presente

Yo vivo en el presente
el pasado ya pasó
y cuando pensaba en él
por más que recordé
nunca regresó.

El es parte del pasado
y yo vivo en el presente
es lo más lógico entre la gente.

Sus recuerdos están en mi mente
pero no vivo de ellos
no tiene caso
porque hoy todo es diferente.

Yo tengo una vida
y mi vida es presente
es bonito recordar
pero sé la realidad
no se puede volver atrás.

Y vivir en el pasado
te aleja del presente
y con eso nunca serás feliz,
aunque lo intentes.

Y Cuando Te Vuelva A Tener

Y cuando te vuelva a tener
quiero darte todos estos besos
que dentro de mí guardé.

Y cuando te vuelva a tener
voy a amarte con ternura
y a besos recorrer tu piel.

Y cuando te vuelva a tener
te abrazaré como nunca
y te diré cuánto te extrañé.

Y cuando te vuelva a tener
te repetiré cuánto te amo
y todo lo mucho que te pensé.

Y cuando te vuelva a tener
quiero tenerte por siempre.
No quiero perderte otra vez.

Y cuando te vuelva a tener
me quedaré colgada de ti
y nunca más te dejaré partir.

Yo Soy La Otra

Yo soy la otra, la que no te importa,
la que puede amarte cuando tú lo escojas.

Yo soy la otra, la segunda parte,
la que no te importa si cae o sigue adelante.

Yo soy la otra pero no me importa
porque te amo tanto como una loca.

Yo soy la otra, la que compartes
cuando tu esposa no puede amarte.

Yo soy la otra, yo soy tu amante
pero te amo tanto que eso no me importa.

Yo soy la otra la que cuando está contigo,
nada le importa.

Yo soy la otra.

Cotija

Pueblo mío aún te recuerdo, nunca te olvido.
Te recuerdo de paisaje bello y tranquilo.
Recuerdo tus portales y bonitas calles.
El templo más hermoso que un día vieron mis ojos.

Cotija hace tiempo que no te veo
pero no significa que no te recuerdo.
Eres como el primer amor que nunca se puede olvidar,
y tan solo al recordar el corazón vuelve a palpitar.

Espero pronto regresar
y a mis amigos volver a ver.
No me olviden
que yo nunca los olvidaré.

El Baul De Mi Abuelo

Guarda sueños
tu amor de abuelo
y tantos recuerdos.

Cuando te recuerdo
miro el baúl viejo.
Lugar de los recuerdos.

Fotos, viajes
perfumes, silencio
y tantos bellos momentos.

Tus rosarios,
tus libros de santos
y tu fe en pedazos.

Dejaste tu humildad
y el santo consuelo
de que juntos un día estaremos.

Aquí a la sombra de tu recuerdo
la razón de tus consejos
dolor que guardo en silencio.

Se extinguió tu cuerpo

pero no tu alma,
aún brota la esperanza.

A veces aún siento dolor,
dejaste un hueco cálido y paterno.
Siempre serás mi amor eterno.

En el baúl viejo
quedan tus recuerdos
y en mi corazón tus rezos.

Hoy eres viento frío,
lluvia o tal vez rocío.
¡Oh dulce río hacia el mar!

La vida no se comprende así
a veces es difícil
breve y mortal.

Hoy estás junto al creador,
aunque me parta de dolor
mientras volvamos a estar juntos.

El Escritor

Nada le cuesta escribir

lo que escribe.

Nada le cuesta escribir

lo que le dicta su corazón.

Pero tal vez son sus penas

las que escribe,

o son alegrías

que le dicta el corazón.

O es la nostalgia del tiempo

que se fue y no regresó.

Pero, ¿quién pudiese comprender

lo que escribe el escritor,

si ni el mismo sabe

si le dicta su alma

o le dicta el corazón?

Anna Judith Chávez, poeta contemporánea.

En este su primer poemario presenta cien poemas
de amor, felicidad, soledad y ausencia.

La sensibilidad y belleza de sus poemas provoca
sentimientos que llegan al corazón enamorado
y también al que se encuentra en la más profunda
desilusión.

Cada poema es una historia que hará surgir
nuevos sentimientos y emociones en los corazones.

A través de *Poemas De Mi Corazón* la autora comparte
sus poemas, sencillos y bellos.

Cada poema trasmite profundas emociones y genera
sentimientos
que tocan lo más profundo del corazón.

Reflejos de personas que alguna vez amaron y no
fueron correspondidas pero también de aquellas que
encontraron el amor para toda la vida.